Frei Galvão
SANTO DO NOSSO POVO

Frei Galvão
SANTO DO NOSSO POVO

Frei Diogo Luís Fuitem,
OFM Conv.

Preparação: Carolina Rubira
Capa: Ronaldo Hideo Inoue
Detalhe do painel de azulejos representando Frei Galvão, acervo do Museu de Arte Sacra de São Paulo. Composição sobre a imagem de fundo de © avtk/Adobe Stock.
Na contracapa, detalhe da obra *Convento da Luz, 1860*, de Henrique Manzo (1896-1982), acervo do Museu Paulista da USP, coleção Fundo Museu Paulista – FMP, foto de © José Rosael/Hélio Nobre/Museu Paulista da USP.
Diagramação: Maurelio Barbosa
Imagens do miolo: © Sergio/Adobe Stock e acervo do Mosteiro da Luz, São Paulo, SP.

Edições Loyola Jesuítas
Rua 1822 n° 341 – Ipiranga
04216-000 São Paulo, SP
T 55 11 3385 8500/8501, 2063 4275
editorial@loyola.com.br
vendas@loyola.com.br
www.loyola.com.br

Todos os direitos reservados. Nenhuma parte desta obra pode ser reproduzida ou transmitida por qualquer forma e/ou quaisquer meios (eletrônico ou mecânico, incluindo fotocópia e gravação) ou arquivada em qualquer sistema ou banco de dados sem permissão escrita da Editora.

ISBN 978-65-5504-404-1

© EDIÇÕES LOYOLA, São Paulo, Brasil, 2024

Sumário

Apresentação, 7

PRIMEIRA PARTE
Nasce uma vida e uma vocação

No Brasil do período colonial, 12
O berço familiar, 15
No colégio dos jesuítas, 20
Nas fileiras franciscanas, 25
Noviço franciscano, 29
A ordenação sacerdotal, 31

SEGUNDA PARTE
Servindo a Deus e aos irmãos

Chamado a ser apóstolo, 38
Na academia de letras, 41
O sonho da irmã Helena, 43
A fundação do recolhimento da Luz, 47
O fechamento temporário, 50
Construção do convento, 53

TERCEIRA PARTE
Maturidade e ocaso de uma vida

Um episódio doloroso, 60

Visitador, mestre dos noviços, guardião do convento, 62

A fundação de Sorocaba, 67

Morte e sepultura, 70

As pílulas, 73

Fenômenos extraordinários, 75

A beatificação e a canonização, 77

Novena a São Frei Galvão, 83

Referências bibliográficas, 89

Invocação, 91

Apresentação

Sem dúvida os santos são presentes que Deus concede ao mundo e, particularmente, a uma determinada nação. E nós, povo brasileiro, sentimo-nos honrados por ter alguém que caminhou conosco nos incentivando a viver os valores perenes do Evangelho e da fé. É um santo brasileiro, o primeiro declarado pela Igreja Católica, grande modelo e exemplo! Trata-se do frei Antônio de Sant'Anna Galvão ou simplesmente Santo Frei Galvão.

Isto nos garantiu o Concílio Vaticano II, em seu documento *Lumen Gentium*: "[...] crescerá em frutos abundantes a santidade do Povo de Deus, como patentemente se manifesta na história da Igreja, com a vida de tantos santos" (n. 40). Todos aqueles que se dedicaram a Deus e ao serviço do próximo, deixam-nos um rastro de luz. Eles são realmente luminares que embelezam a vida das comunidades cristãs, mostrando concretamente que a ação do Espírito Santo agiu neles e produzindo frutos que permanecem ao longo do tempo.

Assim se referiu o papa Bento XVI, em sua homilia sobre frei Galvão, no dia da sua canonização:

> O carisma franciscano, evangelicamente vivido, produziu frutos significativos através de seu testemunho de fervoroso adorador da Eucaristia, de prudente e sábio orientador das almas que o procuravam e de grande devoto da Imaculada Conceição de Maria, de quem se considerava "filho e perpétuo escravo" (n. 2).

Significativo foi, também, o exemplo de sua disponibilidade em servir o povo. Foi alguém que não poupou seu empenho em ser homem da caridade e da paz naquele tempo em que a Brasil colônia precisava de pessoas sensíveis diante da injustiça da escravidão e da ganância pela busca desenfreada de ouro. Fazemos votos de que sua figura possa iluminar o nosso tempo como lâmpada colocada sobre o candeeiro, intercedendo lá do céu em prol do nosso Brasil de tantos dramas e esperanças.

No dia 11 de maio de 2007, ele foi declarado santo na celebração presidida pelo papa Bento XVI no Campo de Marte, em São Paulo. Calcula-se que naquela manhã luminosa estivesse presente uma multidão de aproximadamente um milhão de pessoas. Evento histórico! Dele eu tomei parte. Por isso sinto-me honrado e no dever de homenagear São Frei Galvão, traçando neste livro biográfico as linhas marcantes da trajetória que o levou aos altares. Desejo que possa tornar-se mais conhecido, que inspire a vida de muitos e, lá do alto, olhe solícito para o povo brasileiro!

O AUTOR

PRIMEIRA PARTE

*Nasce uma vida
e uma vocação*

No Brasil do período colonial

Nossa história começa no alvorecer de um novo país localizado no hemisfério sul do mapa-múndi, recém-descoberto e aos poucos sendo colonizado. É o Brasil que inicialmente recebeu o nome de Terra de Santa Cruz. Por causa da abundância da preciosa madeira de pau-brasil, foi identificado pelos colonizadores portugueses com o nome de Brasil.

A primeira preocupação dos colonizadores consistia em proteger a terra recém-descoberta do interesse de outros países. Por causa disso, o imenso território foi dividido em grandes propriedades territoriais chamadas de capitanias, com seus respectivos governadores. Assim foi formado o primeiro governo geral na colônia portuguesa, com a chegada de Tomé de Sousa à Bahia, sendo escolhida como primeira capital a cidade de São Salvador. Começou a ser praticada a exploração das variadas riquezas que o novo solo oferecia, como a corrida na procura de ouro e o plantio de cana de açúcar. A mão de obra foi encontrada entre africanos e indígenas, infelizmente, escravizados.

Quanto à vida religiosa, é preciso lembrar que, com a vinda dos navegadores e colonos portugueses, foi implantado, como era costume naquele tempo, o catolicismo num regime de "padroado", isto é, cabia à coroa portuguesa toda autoridade não apenas sobre a vida social e política, mas também em matéria religiosa. Os reis tinham o comando sobre as questões de Igreja. Por isso o rei Henrique, de Portugal, pediu ao papa Gregório XIII que fosse criada a prelazia de São Salvador e, em seguida, a de São Sebastião do Rio de Janeiro.

Sabemos também que os jesuítas marcaram presença em terras brasileiras desde o começo da formação do novo país. Como não reconhecer o valor do apostolado exercido pelos primeiros missionários, entre os quais brilhou Padre José de Anchieta? Na realidade, o trabalho deles não se restringiu a catequizar os indígenas e em administrar os sacramentos, mas em difundir a cultura com os colégios que foram fundados e que organizavam nos locais necessários. Contribuíram, assim, com a formação dos filhos dos senhores de engenho e com a alfabetização das populações indígenas, elevando o nível moral e cultural dos primeiros moradores do Brasil. Muitas vezes tomaram a defesa dos indígenas e negros que eram escravizados. Sem sombra de dúvida, os missionários jesuítas, até sua expulsão em 1759, foram os mestres das gerações alfabetizadas do novo país.

Vieram também grupos de frades franciscanos – sendo que a primeira missa, em abril de 1500, foi celebrada por frei Henrique de Coimbra – além de outras ordens, como os beneditinos e carmelitas que se tornaram beneméritos na evangelização do povo. Por essas presenças todas, o catolicismo era a religião oficial, feita de irmandades, confrarias e associações dirigidas por leigos que se distinguiam, junto com poucos padres que havia naquele tempo, na animação da vida religiosa na sociedade. A capela ou igreja, quando maior, era o centro do povoado. Procissões e festas religiosas davam vida à comunidade e ao próprio ritmo das atividades semanais, oferecendo encontros entre famílias e pessoas bem como ocasião de lazer. Isso perdurou no período colonial em que tudo dependia do rei de Portugal.

No entanto, em janeiro de 1808, o rei João VI veio para o Brasil, refugiando-se em nosso país. E, em 1815, de colônia, o Brasil foi elevado a Império, isto é, reino integrando o de Portugal. As capitanias passaram a ser denominadas de províncias. Anos depois, coube ao filho do rei João VI, dom Pedro I, proclamar a independência do Brasil "para sempre separado de Portugal". Todos nós sabemos que isso se deu em 7 de setembro de 1822. É data magna da nossa independência! É nessa transição que surge alguém cuja trajetória de vida estaremos mostrando: Santo Antônio de Sant'Anna Galvão.

O berço familiar

Ele veio ao mundo numa região ao sul do imenso território brasileiro, no Vale do rio Paraíba, região banhada por um rio caudaloso que atravessa todo o vale para desembocar no Oceano Atlântico. Tratava-se de uma região que vinha aos poucos sendo colonizada e tinha a vila de Taubaté como referência. A partir de

1630, formou-se um povoado com esse nome. Em seguida, surgiu outro núcleo, junto de uma capela dedicada a Santo Antônio, que se transformou também em vila e recebeu o nome de Guaratinguetá: lugar de garças brancas que tinham seu habitat junto do Rio Paraíba. Essa vila tornou-se um ponto de entroncamento importante para as bandeiras que se lançavam ao descobrimento de ouro nas Minas Gerais. Ao mesmo tempo oferecia a possibilidade, superando a Serra do Mar, de alcançar o porto de Paraty, no litoral paulista.

Foi à Vila de Guaratinguetá que chegou, por volta de 1730, o jovem Antônio Galvão de França, vindo de Portugal e natural de Faro do Algarve. Veio com outros conterrâneos para se estabelecer no Brasil colônia e, mais particularmente, nessa região que parecia ser promissora. Possuía boa formação e, é claro, algum recurso para poder iniciar sua vida na nova terra. Aliás, esses jovens recém-chegados de Portugal eram bem-vindos, e especialmente bem-vistos, pelos donos de fazendas porque, sendo pessoas geralmente estudadas e dinâmicas, eram considerados pelos fazendeiros como bons futuros maridos para suas filhas. No caso de aceitarem casar, a eles eram oferecidos ricos dotes: terras, gado, escravizados. Por isso o jovem Antônio não demorou muito para encontrar uma namorada com a qual pôde unir-se em matrimônio. Tratava-se de Isabel Leite de Barros, jovem que morava em uma vila próxima, chamada de Pindamonhangaba. Era filha do Capitão Gaspar Correia Leite e de Maria Leite Pedroso, cujas famílias provinham dos primeiros colonizadores do Brasil. Tinham parentesco com personalidades paulistas do tempo da colônia, como o conhecido bandeirante Fernão Dias Paes, que era avô de Maria.

Na expectativa de formar uma família, o jovem português dedicou-se ao comércio, tornando-se bastante conhecido e bem-relacionado nas vilas do Vale do Paraíba. Mostrava-se de boa índole, por isso foi convidado a fazer parte da Terceira Ordem Franciscana e de Nossa Senhora do Carmo. Assim, não houve empecilho para que Antônio e Isabel se casassem. O matrimônio deu-se na Capela de Nossa Senhora do Rosário, chamada também de Capela dos Correias, pertencente à paróquia de Pindamonhangaba, era o ano de 1735.

O casal passou a residir em Pindamonhangaba, onde nasceram os primeiros três filhos: José Galvão de França, Maria Galvão de França e Izabel Leite Galvão. É interessante notar que esse primeiro filho, José Galvão de França, será tronco de uma grande família (Galvão de França) que se irradiou para outras cidades paulistas, como Itu, Piracicaba e Campinas. Quanto à família que nos interessa, de Antônio e Isabel, talvez por causa dos filhos que haviam nascido e outros que haveriam de nascer, acabaram por transferir-se e, deixando Pindamonhangaba, foram morar em Guaratinguetá.

Existe uma crendice pela qual o bebê pode escolher em qual família quer vir ao mundo. Não damos valor a esse modo de pensar porque para nós tudo é encaminhado pela Providência divina. Por isso, foi pelo desígnio de Deus que um quarto filho, que seria o santo frei Galvão, veio ao mundo no lar do Capitão-Mor Antônio Galvão de França na nova Vila para onde o casal havia se mudado. Quanto às datas de batismo e batizado, não há registro certo; aliás, não há documento porque o livro de batizados da paróquia Santo Antônio de Guaratinguetá foi perdido e assim foram extraviados todos os dados entre 1729 e 1740. Porém, com base a outros documentos existentes no arquivo da Cúria metropolitana de São Paulo, parece mais plausível que o nascimento e o batizado tenham ocorrido no ano de 1739. O parto foi normal e eis que veio ao mundo uma criança saudável que recebeu o nome de Antônio, em homenagem ao pai e ao Santo da pátria natal do pai. Também o padroeiro da vila era o santo de Lisboa e Pádua. Portanto, o nome dado à criança representava uma tríplice homenagem: ao pai, ao santo português e à vila.

Falando em devoção aos santos, que sempre foi tradição dos colonizadores portugueses, era costume da época colonial que cada família tivesse um padroeiro ou uma padroeira. A padroeira da família Galvão de França era Sant'Anna, mãe da Virgem Maria. Por isso, no interior da espaçosa moradia familiar, havia um oratório, tendo bem no meio um crucifixo precioso acompanhado por castiçais e nichos. Mas o nicho principal era reservado a Sant'Anna. E, ainda, o nome de Sant'Anna era acrescentado, geralmente, ao nome dos filhos. Diante do oratório, a família costumava reunir-se para as orações da noite, recitando, inclusive, o rosário. Não havia aquelas distrações que hoje temos e que ocupam o tempo das pessoas à noite: computador, aparelho de televisão, novelas... Os pais eram bem religiosos e esmeravam-se em ajudar os pobres; como era costume da época, mantinham, em sua casa, pessoas escravizadas para os vários serviços. Faziam questão de tratá-las sempre com benevolência. Era, pois, um lar abençoado, até pelo número de filhos e filhas que eles consideravam uma verdadeira dádiva de Deus.

No colégio dos jesuítas

Assim, o menino Antônio crescia em idade, favorecido por um ambiente auspicioso, com o pai dando exemplo de trabalho e devoção. Também contava com a presença de uma mãe solícita em acudir ao lar e preocupada em transmitir aos filhos uma boa educação. Consta que o próprio filho estava imbuído, desde criança, de sentimentos de altruísmo. Certa vez, o pequeno Antônio teve compaixão de uma mulher pobre e resolveu doar para ela uma valiosa toalha branca. A pobrezinha aceitou a doação. Em seguida, porém, acabou por devolvê-la por achar que não merecia aquele rico donativo. Aí a mãe interveio falando para a mulher: "O que meu filho fez, está bem feito!", não aceitando, desse modo, a devolução daquilo que a criança havia ofertado.

Era esse o clima de partilha que os pais promoviam e que o menino absorvia. E ele, chegando à adolescência, precisava tomar um rumo em sua vida. Coube aos pais pensar e providenciar o que seria melhor para o filho. Já haviam enviado o filho mais velho para receber uma aprimorada educação junto aos jesuítas que, naquele tempo, eram considerados os melhores educadores da juventude; era um colégio distante, na Bahia. Mesmo que estivesse longe, com sérias dificuldades de locomoção e sustento, acharam que valia a pena essa iniciativa para garantir um futuro ao filho.

Tiveram, assim, o mesmo pensamento a respeito do outro filho mais jovem, Antônio. Junto com o irmão, poderia aprimorar seu caráter e adquirir cultura dentro de um sistema rigoroso de disciplina. Resolveram, por isso, mandar o segundo filho para o mesmo colégio. Não há dúvida de que eles explicaram tudo o que eles planejavam ao filho Antônio, mostrando a conveniência dessa decisão. Ele aceitou, percebendo que a atitude dos pais era para o bem dele.

O pai, então, providenciou tudo o que era necessário para viabilizar a viagem até o Colégio Belém, que ficava na Bahia, a 130 quilômetros de Salvador: distância notável até em nosso tempo, em que temos os mais variados meios de transporte. Tudo era feito em companhia de comitivas, a pé, a cavalo ou outros animais. Certamente o pai entregou o filho de 13 anos a algum conhecido que seguisse viagem até a Bahia, quem sabe, na companhia também de escravizados. O filho despediu-se da mãe, da família, dos seus irmãos e amigos todos, percorrendo, sem conforto, o longo caminho até sua destinação.

Após muitas semanas de viagem, chegou à Vila Cachoeira, junto do Rio Paraguaçu onde estava localizado o colégio chamado também de Seminário Belém. Lá encontrou seu irmão mais velho e outros jovens vindos de todos os recantos do Brasil, na maioria, filhos de famílias abastadas. O colégio fora fundado pelo Padre Alexandre de Gusmão, com a finalidade de proporcionar uma formação intelectual e religiosa dentro de um sistema de internato. Era uma espécie de seminário menor para jovens que, inclusive, poderiam assumir a vida religiosa, ingressando na Companhia de Jesus, ou simplesmente serem pais de família dotados de uma boa formação recebida no colégio.

Os internos viviam um estilo de vida austero, pois estavam sujeitos a horários e a um regulamento rigoroso. Nenhum deles tinha escravizados ao seu serviço, como estavam acostumados em suas fazendas e casas. Portanto, viviam sem regalias. Em compensação, eles estavam sendo formados para colocar-se a serviço dos outros, desprendendo-se de si mesmos e ocupados com o estudo, a oração e algum lazer comunitário. O jovem Antônio Galvão de França passou seis anos nesse colégio, com notável proveito para seu crescimento, até que chegou a hora de finalmente voltar para sua família. Aliás, nesse interim, havia falecido a mãe, por volta 1756. Acometida por uma grave doença, acabou por deixar ao marido toda a responsabilidade familiar e a missão de educar os filhos e filhas. Regressando, com 19 anos, o jovem Antônio pôde rever o pai, que havia sido bem-sucedido nos negócios, e os irmãos já crescidos vivendo a agitação própria da juventude.

Sentiu a falta e experimentou o vazio de não poder abraçar a mãe. Notou que a mudança era grande, pois seus irmãos viviam rodeados de amigos e amigas. Sentia-se como um estranho naquele novo ambiente. Passaram-se uns dias e pensou em abrir o coração para o pai. Explicou para ele que se tornava forte em seu íntimo o desejo de seguir o caminho da vida religiosa. O irmão mais velho, que também estudou no colégio da Bahia, já havia abandonado a ideia de seguir a vida religiosa. Mas ele, Antônio, estava percebendo que a motivação para a vida que tinha pela frente era de consagrar-se a Deus. Em seu tempo de permanência no colégio, já havia manifestado aos pais algo nesse sentido. Diante do claro propósito de vida que o filho lhe revelava, o pai não teve dúvida e colocou-se à disposição para colaborar com o anseio que o filho cultivava e que lhe havia declarado.

Nas fileiras franciscanas

Se o jovem Antônio já alimentava alguma intenção de entrar nas fileiras da Companhia de Jesus, eis que o pai o demoveu dessa ideia. O Capitão-Mor, de fato, andava bem informado sobre as ameaças do Marquês de Pombal a respeito da ordem dos jesuítas. Sabia que havia a intenção da parte da Coroa portuguesa, no governo de Pombal, de extinguir a ordem. Tal supressão seria articulada e decretada em 1759 com o confisco dos bens da Companhia de Jesus no Brasil, como já havia feito em Portugal. É bom lembrar que o mesmo Marquês de Pombal nomeou o Rio de Janeiro como capital da colônia, em substituição a Salvador.

Quem sabe, se não houvesse toda essa situação pairando nos ares, o nosso jovem Antônio, ex-aluno do colégio dos jesuítas na Bahia, poderia realmente ter optado por tornar-se membro da Companhia de Jesus. O pai dele, como terceiro franciscano, mantinha um bom relacionamento com os franciscanos. Desse modo, não havendo a presença dos seguidores de São Francisco de Assis em Guaratinguetá, pensou em apresentar seu filho aos franciscanos que viviam no convento de Santa Clara em outro povoado do Vale do Paraíba, isto é, em Taubaté. Para essa finalidade, foi até lá e pediu que seu filho fosse acolhido por eles, o que foi aceito com facilidade porque a família Galvão de França era conhecida e estimada em toda a região.

Com aprovação do pai e da família franciscana, o jovem tratou de preparar-se para ingressar no período de provação, que é denominado de noviciado, necessário para ser membro da ordem. É bom ressaltar que houve um período de florescimento da presença franciscana no Brasil, bastante significativa pelo número de vocações e, é claro, pelo testemunho de vida. Na verdade, além de contar com 31 conventos, os franciscanos atendiam a várias aldeias de indígenas. O lugar onde era realizado o noviciado chamava-se Convento de São Boaventura e ficava na Capitania do Rio de Janeiro na Vila de Macacu, na região serrana, um local afastado da capital, a pouco mais de 90 quilômetros.

O jovem Antônio, confiante e decidido, encaminhou-se para lá. A viagem durava algumas semanas, mas seu coração estava esperançoso de realizar o que tinha em mente: consagrar-se a Deus. Deixava o que o mundo e sua família ofereciam, num gesto de entrega a Deus. De certa forma, vivenciava o que seus antepassados haviam experimentado: enfrentar caminhos desconhecidos para aventurar-se em busca das riquezas que o solo brasileiro oferecia, buscando o ouro que os tornaria ricos e poderosos. Naquele momento, o filho do Capitão-Mor estava escolhendo um caminho totalmente diferente: para obter o verdadeiro tesouro de sua vida, renunciava aos bens ilusórios da terra para conquistar os do Reino dos Céus. Abraçava a vida religiosa do "meu Deus e meu tudo" de São Francisco de Assis.

Sobre a presença dos frades menores franciscanos na região, vale a pena deter-nos um pouco mais. Sabe-se que no ano 1500, junto da esquadra de Pedro Alvares Cabral, vieram de Portugal alguns filhos de São Francisco, sendo que frei Henrique Soares de Coimbra foi quem celebrou a primeira missa na terra recém-descoberta. Construíram uma capela em Porto Seguro, mas, num levante de indígenas contra brancos, os missionários franciscanos acabaram sendo massacrados. Assim, o primeiro sangue que foi derramado fecundou a Terra de Santa Cruz.

Em seguida, em 1585, franciscanos de Santo Antônio de Currais, de Portugal, vieram ao Brasil. Pertenciam à reforma de São Pedro de Alcântara, por isso foram chamados de "franciscanos alcantarinos". Davam ênfase, em suas comunidades, à vida de contemplação e penitência. Estabeleceram-se primeiramente em Olinda, Pernambuco, mais tarde em outras capitanias: Bahia, Paraíba, Espírito Santo e, em 1615, no Rio de janeiro, onde foi construído o convento de Santo Antônio. Mais tarde foram fundados os conventos de São Paulo e de Santos.

Coube ao Custódio do Rio de Janeiro fundar o convento em Macacu, onde, em 1760, o filho do Capitão-Mor, como recém-chegado, cumpriria o seu ano de noviciado. Completava, naquela ocasião, 21 anos de vida. No convento já havia alguns noviços aos quais se associou. Conforme estabelecia a norma, três dias após o ingresso, o candidato podia trocar o nome para significar a nova etapa de vida que estava iniciando. Diante dessa possibilidade, o jovem Antônio resolveu não trocar seu nome recebido para o batismo mas acrescentar a padroeira da família. Assim ficou, daí em diante, Frei Antônio de Sant'Anna. No dia 15 de abril de 1760, recebeu o hábito franciscano, de pano escuro, cinza, e revestimento semelhante ao burel de São Francisco, com cordão e capuz.

Noviço franciscano

Começava, assim, um período de intensa oração, pois os noviços, junto com a comunidade toda, rezavam as várias horas do Ofício divino. Inclusive era feita a oração das matinas nas horas noturnas, sendo necessário levantar-se e interromper o sono para a recitação do Ofício e, em seguida, dormir novamente. Outra atividade era o estudo e o aprofundamento da Regra Bulada, que é própria da Ordem Franciscana, com as prescrições determinadas pelas Constituições.

Essas atividades servem para que se conheça o núcleo essencial da vida franciscana. Eis, em síntese, o ideal vivido por São Francisco: "A vida e a regra dos Frades Menores [assim eram chamados os frades seguidores de são Francisco] é esta: observar o Evangelho de Nosso Senhor Jesus Cristo, vivendo em obediência, sem propriedade e em castidade". A referência era Jesus Cristo e seus ensinamentos a serem assimilados por meio da fé e entrega a Deus, colocando-se à disposição dos superiores; bem como o desprendimento, depositando-se a esperança unicamente nos bens eternos e na doação a Deus. Sumo bem!

Fazia parte da vida de noviciado executar os serviços domésticos, como limpar a casa, cuidar da horta, ajudar na cozinha e submeter-se aos trabalhos manuais para a manutenção e melhoramento do ambiente físico. Tudo isso sob a orientação do chamado mestre dos noviços, isto é, de um frade incumbido de acompanhar o grupo. Ele dava a formação para a vida religiosa franciscana, às vezes, recorrendo à repreensão de algum noviço. Quando algum faltoso era corrigido colocava-se diante do mestre para ser repreendido e podia levantar-se somente ao final da correção recebida.

Na verdade, frei Antônio de Sant'Anna não teve dificuldade em assumir uma vida de piedade, trabalho e disciplina porque estava acostumado a isso nos anos que havia passado no colégio dos jesuítas. De tal modo que, tendo completado de maneira exemplar o ano de noviciado, obteve aprovação para seguir a vida franciscana. Emitiu sua profissão religiosa com os votos de obediência, pobreza e castidade no dia 16 de abril de 1761. Data que marcou sua vida para sempre.

A ordenação sacerdotal

Seu caminho na vida religiosa estava apenas iniciando, outra etapa estava por vir. Sendo noviço, aprendeu, como São Francisco de Assis, a ser irmão de todos, especialmente dos mais fracos e necessitados. Sentiu-se, então, inclinado a dar sua vida em favor do povo de Deus. E a oportunidade surgiu.

Os responsáveis pela sua formação haviam, de fato, notado que, pela educação que ele recebera no colégio dos jesuítas, estava apto para servir à Igreja como sacerdote. É claro que, ao receber esse convite para ser ordenado padre, ele muito se alegrou. Mas como isso foi possível se ele não tinha feito o estudo específico de teologia? A proposta que lhe foi apresentada era para que fizesse uma preparação de um ano e, ordenado sacerdote, seguiria os estudos filosóficos e teológicos no convento Santo Antônio, em São Paulo.

Frei Antônio aceitou seguir esse roteiro. Teve uma preparação intensiva, sendo, inclusive, dispensado de receber as ordens menores e encaminhado para receber a ordenação sacerdotal no Rio de Janeiro, que ocorreu em junho de 1762. O bispo ordenante daquele jovem de apenas 23 anos foi Dom Antônio do Desterro. Dia maravilhoso que também marcou sua vida! E frei Antônio completou a alegria na vila natal. Voltando do Rio de Janeiro, rumo a São Paulo, parou em sua vila natal. Em Guaratinguetá, encontrou-se com seu pai e familiares e, com o coração em festa, agradeceu a Deus a graça que tinha recebido de ser ministro de Deus em benefício de todos.

A população da vila reuniu-se com ele na igreja matriz, onde fora batizado, para uma missa festiva de ação de graça. Celebrou sua primeira missa com muita emoção, lamentando apenas que não estivesse presente a mãe falecida. Ressoavam em seu íntimo as palavras de São Francisco: "Considerai, irmãos sacerdotes, a vossa dignidade!". Realmente estava consciente de que essa vocação tão bela exigia dele constante dedicação a serviço de Deus e das pessoas e, para isso, devia exercitar-se sempre mais. Necessitava, esquecido de si mesmo, doar-se em seu ministério, sem cansar-se!

Continuando sua viagem, dirigiu-se para São Paulo pois havia recebido a obediência, isto é, uma ordem de seus superiores, de transferir-se para aquele convento. Lá completaria os estudos adequados para sua vida sacerdotal. O convento Santo Antônio era um centro de estudos que contava com professores bastante capacitados nas disciplinas de filosofia e teologia. As aulas não eram apenas destinadas aos candidatos ao sacerdócio, pessoas leigas também frequentavam o centro de estudos, como foi o caso do padre Diogo Antônio Feijó, figura importante de nossa história pátria porque foi regente do império.

Na verdade, o convento franciscano era um lugar de florescimento dos estudos e, ao mesmo tempo, representava um centro de irradiação de vida religiosa e de espiritualidade. Neste lugar, o jovem frei Antônio adquiriu cultura e também pôde crescer nas virtudes que são próprias de uma vida de santidade.

Há um documento atestando que, durante seu período de estudos, ele se mostrou grandemente devoto da Virgem Maria, como é tradição da espiritualidade franciscana. Fez questão, em um manuscrito, de registrar e assinar uma entrega irrevogável a Maria Santíssima, consagrando-se a ela como escravo. Esse documento foi assinado com seu próprio sangue. O original encontra-se no arquivo do Mosteiro de

Nossa Senhora da Conceição da Luz, em São Paulo. Traz, inclusive, a data: nove de novembro de 1766, época em que morava e estudava no convento Santo Antônio. A consagração era fruto da devoção à Imaculada Conceição da Virgem Maria, defendida e vivenciada ardorosamente pela Ordem Franciscana. Realmente, o jovem estudante havia absorvido um amor intenso a Jesus Cristo e à Virgem Maria. Esse período de estudos estendeu-se até 1769, e, terminando-os com louvor, colocou-se à disposição de seus superiores religiosos.

SEGUNDA PARTE

*Servindo a Deus
e aos irmãos*

Chamado a ser apóstolo

Após o período de entrega aos estudos filosóficos e teológicos, que serviram como enriquecimento precioso para sua vida e o preparo para o apostolado, frei Antônio estava em condições de exercer seu ministério sacerdotal de forma mais plena.

É verdade que, pelo fato de ter vivido seis anos no convento São Francisco, ele não era um desconhecido. Acompanhou algum frade pregador nas andanças apostólicas em lugares próximos de São Paulo. Conta-se que, certa vez, ele estava acompanhando seu superior na vila de Itu. Alguém, admirando seu porte juvenil e gracioso, comentou com o frade mais idoso: "O senhor está bem acompanhado por esse moço bonito!". Ao que o frade pregador respondeu: "Verdade! Frei Antônio é um moço bonito, mas também bastante virtuoso!".

Despertava, portanto, admiração por ser jovem e cheio de vida. Mas suas virtudes e capacidades também chamavam a atenção de todos. Por isso, a partir de 23 de julho de 1768, ao término dos estudos, seus superiores determinaram que fizesse parte da comunidade onde estava, isto é, que permanecesse no convento São Francisco. Foi incumbido de algumas responsabilidades como a de exercer as funções de porteiro do convento, pregador e também confessor autorizado para o atendimento dos leigos seculares que quisessem confessar-se. Naquele tempo, a função de porteiro era assumida pelos frades sacerdotes, só mais tarde foram encarregados desse serviço os frades irmãos não sacerdotes. Tratava-se de uma atividade importante porque consistia em estar em contato com aqueles que procuravam a comunidade franciscana e era necessário que o frade responsável tivesse prudência, sendo dotado de uma sólida conduta moral e religiosa. Sendo assim, essa nomeação demonstrava a confiança que os superiores tinham no jovem frade.

Quanto à atribuição de pregador, tratava-se de uma atividade que exigia bons conhecimentos bíblicos e disposição para andanças a pé pelas vilas próximas como Sorocaba, Porto Feliz, Itu, Mogi das Cruzes, São Luiz de Paraitinga e outros lugares. Com seu timbre de voz e entusiasmo estava preparado para transmitir ao povo as verdades da fé e, ao mesmo tempo, para angariar recursos em prol de seu convento. Ainda hoje, na cidade de São Luiz de Paraitinga, é conservada uma mesa sobre a qual, por falta de púlpito, frei Antônio subiu para falar aos habitantes da vila.

No que diz respeito às confissões que ele podia atender, deve-se ressaltar que naquele tempo não havia o costume de os penitentes buscarem a confissão tão frequentemente como hoje em dia. A confissão era recomendada uma vez ao ano ou em algumas ocasiões especiais, como quando havia um pregador dotado de discernimento que estivesse disponível para atender os penitentes desejosos de confissão após a pregação realizada.

É interessante notar que frei Antônio desempenhou essas três atividades num fecundo apostolado, de modo que houve renovação de seu serviço nesses três ofícios por mais três anos. Esse fato prova que estava cumprindo de maneira satisfatória as responsabilidades a ele atribuídas.

O maior compromisso que ele cumpria era relativo à portaria do convento e, consequentemente, com a tarefa de ouvir e ter contato com as pessoas. Tratava com respeito e carinho sobretudo os pobres e as crianças. Pelo seu modo de lidar com as pessoas, era bem quisto e admirado por todos. Tornou-se, assim, bastante conhecido: seu nome corria de boca em boca na população da pequena, mas ativa, vila de São Paulo.

Na academia de letras

Naquele tempo, o Capitão General Luís Antônio de Souza, que era estimado por várias iniciativas, governava a Capitania de São Paulo. Ele resolveu organizar uma Academia de Letras em 1770, envolvendo todos os que possuíam qualidades para ser escritores e poetas. A primeira sessão se deu em 25 de agosto de 1770, data escolhida por causa de um evento que foi considerado auspicioso pelo governador general.

O colégio dos jesuítas, que haviam sido expulsos do Brasil, tornara-se sede do governo da capitania. Ao lado dele, foi construída uma capela anexa onde devia ser colocada uma imagem de Sant'Anna. Encontrada a imagem, foi solenemente instalada na nova capela. Neste mesmo dia, o governador general convocou para uma sessão literária as pessoas que pertenciam ao clero e aquelas que eram cultivadoras das letras. A convocação surtiu bom resultado porque foi chamada de "Academia dos felizes", reunindo uma plateia numerosa. Foram apresentadas, durante sete horas, peças em português e também em outras línguas. O próprio frei Galvão, que fora convidado, fez questão de participar com uma homenagem a Sant'Anna, padroeira de sua família: "Castíssima e prudente, deu à luz uma Filha puríssima, sem mancha, que mereceu a graça de ser Mãe sublime de Jesus!", esse é um verso de uma longa poesia que ele apresentou em latim, mostrando que era um ótimo latinista. Teve, portanto, a oportunidade de revelar que, além de ser dotado de virtudes morais, era possuidor de notáveis capacidades intelectuais e artísticas, dando-lhe a oportunidade de homenagear a Santa da família e alegrar seu coração.

Apenas uma notícia lhe causou tristeza: a morte de seu querido pai em Guaratinguetá. Essa partida causou-lhe bastante dor. Frei Galvão reconhecia, em seu íntimo, que muito havia recebido da figura paterna. Pediu, então, que Deus acolhesse o pai na feliz eternidade e agradeceu à Divina Providência por ter-lhe dado, como pai, alguém tão amoroso e prestimoso.

O sonho da irmã Helena

Desde 1768, Frei Galvão era Confessor dos fiéis leigos e cumpria essa função de modo exemplar. Graças ao seu preparo e maturidade espiritual, foi designado pouco tempo depois para ser confessor das recolhidas de Santa Teresa. Quem eram elas? Eram mulheres piedosas que moravam juntas em uma casa aberta em São Paulo, desde em 1685. Eram chamadas de recolhidas porque, retirando-se do convívio humano, consagravam-se a Deus. Só aos poucos, com estatutos próprios aprovados em 1748, puderam tornar-se carmelitas, morando no convento dedicado a Santa Teresa. Sacerdotes renomados, especialmente escolhidos, davam a elas uma formação espiritual.

Então chegou a vez de frei Galvão, com pouco mais de trinta anos, ser nomeado para acompanhar e orientar a vida cristã das recolhidas. Assumiu de bom grado tal ofício, dando-lhes a assistência de que necessitavam.

Nessa atividade, eis que ficou conhecendo naquele grupo de irmãs uma que se destacava pela simplicidade e fervor. Era a irmã Helena Maria do Sacramento. Vinda do interior da capitania de São Paulo, aquela jovem de 17 anos foi acolhida para ser servente do convento. Em seguida, foi aceita na comunidade para ser um novo membro: distinguia-se pela vida de intensa oração e desprendimento pessoal.

Vivenciando um impressionante progresso espiritual, começou a ter visões e revelações místicas. Certo dia, inclusive, tomou coragem e abriu o coração ao recém-chegado confessor, que era frei Galvão, para manifestar a mensagem que ela havia recebido de Deus. Tratava-se do desejo divino de que fosse fundado um novo recolhimento em São Paulo, reunindo jovens que quisessem consagrar-se a Deus. Frei Galvão ouviu atentamente esse pedido. Por outro lado, sabia que fazia dez anos que o Marquês de Pombal, em nome da coroa portuguesa, havia proibido que fossem recebidos noviços ou noviças para a vida religiosa, não sendo permitida a abertura de qualquer outro convento.

O que fazer? Seria realmente uma inspiração divina aquela iniciativa que a irmã Helena havia lhe apresentado? Achou por bem esperar alguns dias até aconselhar-se com outros sacerdotes e pessoas dignas de crédito. A irmã, porém, insistiu. Confidenciou ao frade confessor que numa de suas visões mais recentes havia contemplado Jesus como Bom-Pastor, rodeado de várias ovelhas, umas nos braços, outras conduzidas pela mão e outras ainda querendo chegar a ele. O próprio Jesus pedia que ela iniciasse um novo recolhimento a fim de que mais e mais ovelhas pudessem chegar aos seus braços!

Frei Galvão, diante disso, convenceu-se de que o projeto merecia apoio, aliás, todo o apoio. A respeito da lei civil existente, pensou em contorná-la: para superar a proibição que havia por parte do Marquês de Pombal, podia ser organizada uma casa reunindo mulheres piedosas sem, no entanto, que elas emitissem o compromisso dos votos religiosos. Ficou acertado que a própria irmã Helena ficaria responsável por dirigir o pedido ao governador-geral solicitando a abertura da casa. Escreveu a solicitação e o documento até hoje é conservado. Sendo mulher de pouco conhecimento para escrever, é bem provável que a carta tenha sido redigida por alguém que a ajudou a preparar seus termos, porém, sem dúvida, ela ditou o texto, pois fez questão de mostrar ao governador-geral que era pela Virgem Maria Imaculada Conceição e pelas chagas de Jesus Cristo, bem como pelo amor de santa Teresa, que o pedido estava sendo endereçado a ele. No final da carta, constam a assinatura da irmã Helena e a data da missiva: 14 de novembro de 1773. O mesmo pedido foi enviado ao bispo e seu representante e houve, tanto da parte civil como da parte eclesiástica, o beneplácito. Entre idas e vindas, tudo ficou acertado: o sonho da irmã Helena estava para tornar-se realidade.

A fundação do recolhimento da Luz

Coube ao governador-geral da capitania, Luis Antônio de Souza, o Morgado de Mateus, escolher o local onde surgiria o novo recolhimento. Nas proximidades da vila, e já cidade, de São Paulo, existia, junto ao riozinho Guarepe, uma área denominada "campo do Guarê", onde havia sido erguida uma capelinha dedicada a Nossa Senhora da Luz, que estava entregue aos monges beneditinos. No entanto, encontrava-se abandonada. O próprio frei Galvão nutria o desejo de que lá pudesse ser construído o novo recolhimento; e a decisão do governador-geral veio ao encontro da vontade do frei, porque ele tinha o anseio de que pudessem ser adotadas ali as práticas religiosas de devoção a Nossa Senhora que sua família havia trazido de Portugal.

Com esse acordo comum, o governador-geral determinou e providenciou que junto à capelinha fossem construídas algumas dependências para servir de moradia ao grupo de recolhidas. Eis que, então, no dia 2 de fevereiro de 1774, autoridades religiosas e civis saíram do mosteiro de Santa Teresa e se dirigiram ao campo onde havia surgido o novo recolhimento. Frei Galvão recebeu as chaves da capela e da nova construção. Com esse gesto, o governador-geral entregava ao frade a responsabilidade pelo local.

Alguns meses depois, em 8 de setembro, festa da natividade da Virgem Maria, davam entrada no recolhimento, para alegria do frei Galvão, a irmã Helena e mais oito companheiras. A própria irmã foi constituída regente, o que, naquele tempo, significava superiora e mestra do grupo. A pedido do governador-geral, uma solene missa foi celebrada pela festa de Nossa Senhora dos Prazeres, que era uma devoção particularmente cara a sua família.

Na ocasião, de acordo com a ordem precisa de Dom Manoel da Ressurreição, recém-nomeado bispo de São Paulo, os membros do novo recolhimento não deviam continuar a ser carmelitas, mas concepcionistas. É que a ordem da Conceição da bem-aventurada Virgem Maria foi fundada por Santa Beatriz da Silva, em Toledo, na Espanha, para honrar a Conceição Imaculada de Maria. Embora ainda não fosse dogma proclamado pela Igreja Católica, a Imaculada Conceição era uma verdade zelosamente defendida e, ao mesmo tempo, uma devoção bastante vivenciada pelos franciscanos. O novo bispo fez questão de que a comunidade de recolhidas trocasse o hábito religioso, até então marrom, para uma veste de cor branca e azul em homenagem a Nossa Senhora.

Realizava-se, assim, aquilo que frei Galvão e a irmã Helena tanto haviam sonhado! A essa comunidade de recolhidas o frei dedicou suas energias para que seus membros tivessem um caminho intenso de piedade e de penitência. É bom salientar que as celas eram pequenas, sem assoalho e sem forro. Algumas dessas celas eram simplesmente de taquara. A vida das recolhidas transcorria sem conforto algum e na pobreza. Confiavam-se à Divina Providência para obter o alimento necessário à sobrevivência.

Mas algo veio interromper essa experiência: no dia 23 de fevereiro de 1775, a irmã Helena, provavelmente vítima de uma apendicite aguda, acabou por falecer. Foi um momento triste para as recolhidas e um momento difícil também para frei Galvão. Além de perder uma pessoa extremamente dedicada a Deus, perdia também um braço direito na condução e na própria organização do recolhimento. Ele, assim, sofreu muito pela perda. Teve que dar continuidade à obra escolhendo uma nova regente e uma nova mestra, bem como uma irmã encarregada da portaria. Outra provação viria, em seguida, para perturbar a vida do recolhimento.

O fechamento temporário

Em junho de 1775, estava concluindo-se o prazo do governo de Luiz Antônio de Souza, governador da capitania de São Paulo que, além de ter feito muitas coisas pela população de São Paulo, também foi um grande benfeitor do recolhimento. Para substitui-lo, foi nomeado pela coroa portuguesa Martim Lopes de Saldanha, que tomou posse da capitania em 14 de junho de 1775. Revelou logo que iria conduzir o seu comando de maneira bem diferente. Mostrava-se contrário àquilo que seu predecessor havia realizado.

E, já que o recolhimento não possuía a permissão expressa de funcionamento, exigiu do bispo o fechamento do local e a dispersão da comunidade das recolhidas. Com isso, queria agradar ao Marquês de Pombal. Porém isso significava extinguir a obra.

Frei Galvão recebeu a ordem do bispo com grande desapontamento e, além disso, recebeu a incumbência de comunicar o que fora ordenado pelo governador-geral. Chegando ao recolhimento, pediu que as irmãs se reunissem na capela; celebrou a missa, dando a comunhão a elas e consumindo todas as hóstias consagradas. Ao final da celebração, mandou apagar a lâmpada do Santíssimo Sacramento e explicou, emocionado que o recolhimento ficaria fechado a partir daquele dia. Dentro de um mês todas as recolhidas deveriam mudar-se para suas casas. Enorme foi o susto das irmãs! Algo inesperado! Algo que, no entanto, devia ser obedecido.

A sobrinha da irmã Helena, que era uma das recolhidas, resolveu retornar ao mosteiro de Santa Teresa. Outras fizeram contato com as respectivas famílias, avisando a respeito da volta delas para suas casas. Algumas, ainda, decidiram permanecer no recolhimento, enfrentando ali fechadas todo e qualquer sacrifício, sem recursos e até sem a assistência de frei Galvão.

No entanto, graças a Deus, pelas orações aos céus e pelo apoio do marquês de Lavradio, vice-rei no Rio de Janeiro, e, quem sabe, graças ao pedido insistente do bispo Dom Manoel da Ressurreição, veio uma contraordem. A graça da reabertura! De fato, o governador-geral, por ordem superior, teve que revogar o que havia determinado. Após dois meses de pesadelo, frei Galvão via sua obra reabrir-se para abrigar novamente as recolhidas. O número de candidatas a viver no recolhimento começou inclusive a aumentar: sinal de que Deus estava abençoando a obra.

Para evitar arbitrariedades, como aquela que a administração do governador-geral havia cometido, frei Galvão e o bispo acharam por bem que o recolhimento fosse considerado uma casa feminina de retiro, sem precisar que as recolhidas emitissem os votos de pobreza, obediência e castidade. Frei Galvão, como orientador da casa começou a preparar para elas algumas normas básicas de vida, porque havia a necessidade de linhas para uma orientação segura.

Construção do convento

A partir da reabertura do recolhimento, aquelas irmãs que haviam retornado à família voltaram para a comunidade. Outras jovens foram providencialmente atraídas à vida religiosa pela liderança e santidade de frei Galvão. Dessa forma, o número das candidatas à vida do recolhimento aumentou sensivelmente e, em consequência disso, tornava-se imperiosa a ampliação do local cujas estruturas não comportavam mais as novas vocações.

Foi assim que frei Galvão tomou a decisão de construir uma edificação adequada que ele mesmo projetou e, com determinação, resolveu enfrentar esse desafio. Revelou, inclusive, sua capacidade de arquiteto ao planejar uma obra no estilo colonial e, no dia marcado, usando sobrepeliz, dirigiu-se ao local onde já havia marcado os alicerces da obra. Pediu que as recolhidas o acompanhassem para percorrer junto com ele todo o traçado da futura construção: o novo recolhimento dedicado a Nossa Senhora da Luz.

No dia anterior, ele e as religiosas haviam escolhido as dimensões da obra e cavado com as enxadinhas um sulco que serviria para os alicerces. A partir desse dia, frei Galvão tornou-se não só arquiteto, mas também executor e chefe da obra orientando o trabalho dos escravizados recrutados para o serviço. Ele respeitava esses trabalhadores e, ao mesmo tempo, os fazia respeitar.

Aos poucos foram surgindo as paredes com mais um metro de espessura, com a altura de oito metros, e o edifício, contando com 30 metros de comprimento. É bom lembrar que naquele tempo não existia o concreto armado: a terra era socada e, no lugar do ferro, era utilizada a madeira. Esse método de construção era chamado de taipa, processo que exigia transporte de terra e a força de braços para compactar as paredes que seriam o sustento da construção, desafiando sol e chuva para durar muitos anos.

O andamento dos trabalhos exigia dedicação e, ao mesmo tempo, eram necessários os recursos: para isso frei Galvão não media esforços. Angariava ajuda percorrendo os arredores da cidade de São Paulo. Como era um renomado pregador, enquanto exercia essa missão, ele solicitava e as pessoas prontificavam-se a oferecer seus donativos solicitados para a construção. Conseguia ajuda das pessoas pobres, mas também ricas contribuições por parte das famílias abastadas.

Ao redor da obra que estava sendo erguida, surgiram casinhas para moradia dos construtores, especialmente os escravizados. Enquanto a maioria deles dedicava-se à construção, outros cuidavam da horta e das plantas para conseguir algum alimento. Apesar de tanto serviço, frei Galvão não negligenciava a assistência às recolhidas: ensinava para elas o latim; preocupava-se em iniciá-las ao canto gregoriano para a recitação dos salmos; preparava com elas as festividades próprias da espiritualidade franciscana. Achou por bem escrever os estatutos que servissem de orientação para assegurar um crescimento e aperfeiçoamento na vida espiritual. Essas normas manifestam, claramente, a personalidade religiosa de frei Galvão como sendo dotada de muita sabedoria. Evitando prescrições rigoristas, procurou dar importância à oração e à vivência comunitária, salientando o exercício sadio da autoridade por parte da superiora regente. Não deixou de recomendar que fosse evitada toda a murmuração que dificulta o clima de fraternidade entre as religiosas do recolhimento. Afinal, frei Galvão, em sua existência, vivenciou sua missão intensamente. Consumiu seus melhores anos, dos quarenta aos cinquenta, dando o melhor de si em prol da consolidação da fé e da vida religiosa.

No que diz respeito à construção do recolhimento, que mais tarde seria chamado convento ou mosteiro da Luz, as recolhidas foram transferidas para lá no ano de 1788, constituindo, até os dias atuais, um monumento que desafia os séculos.

SERVO DE DEUS
1739 1822

A
FREI ANTÔNIO
DE SANT'ANA GALVÃO
A
FAMÍLIA MANOEL DA COSTA
POR GRANDES GRAÇAS ALCANÇADAS
A SUA ETERNA GRATIDÃO
SÃO PAULO 5-11-45

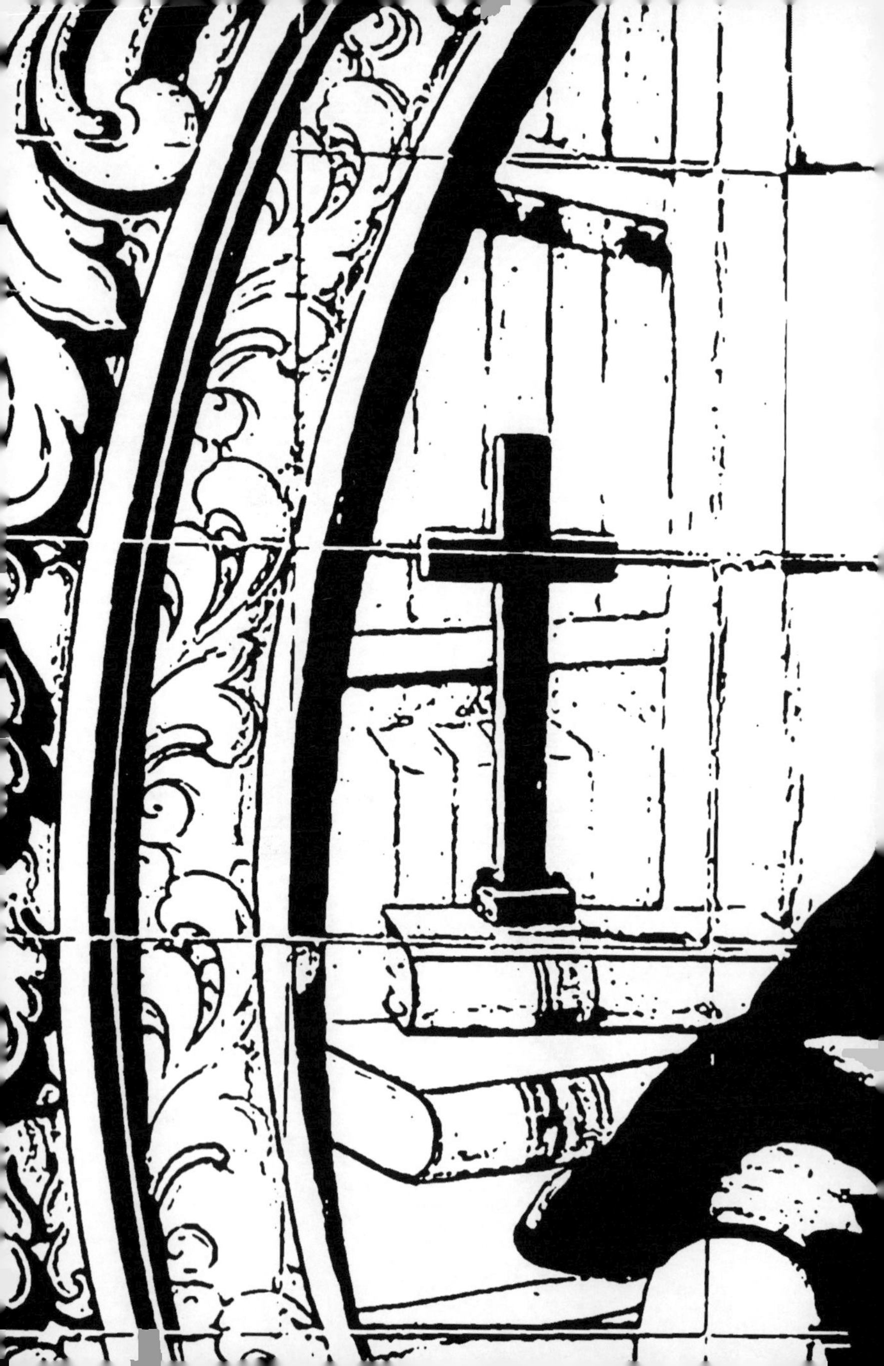

TERCEIRA PARTE

Maturidade e ocaso de uma vida

Um episódio doloroso

Já vimos como Martim Lopes Lobo de Saldanha governou a Capitania de São Paulo por algum tempo. Esteve à frente da Capitania cometendo várias arbitrariedades, por isso tornou-se malvisto.

Certa vez, seu filho e o soldado Caetano José da Costa, denominado simplesmente Caetaninho, tiveram um sério desentendimento. Quando estavam numa festa na fazenda São Bento, os dois, já em estado de embriaguez, chegaram a agredir-se. O filho do governador-geral esbofeteou o soldado que, não aceitando ser humilhado, reagiu prontamente ferindo seu agressor. O pai, então, decretou que Caetaninho fosse condenado à morte por enforcamento.

Houve uma reação generalizada a favor do pobre soldado: muitos queriam que Caetaninho sofresse apenas a prisão com trabalhos forçados, que não fosse condenado a morrer. O governador-geral, no entanto, persistiu em seu propósito e determinou que o soldado fosse condenado à pena capital. E assim foi feito.

Frei Galvão havia participado da reação popular assumindo uma posição contrária ao governador e a favor do soldado. Por causa disso, o governador-geral, em sua prepotência, resolveu vingar-se daqueles que haviam contestado sua iniciativa. Expulsou frei Galvão e um beneditino da cidade de São Paulo, ordenando que eles fossem para Rio de Janeiro. Frei Galvão obedeceu, partindo para o exílio. Mas, quando a notícia do desterro se difundiu por toda a cidade e arredores, houve um levante: vários homens armados e acompanhados de escravizados cercaram a casa onde residia o governador-geral. Diante desse alvoroço, ele não teve outra alternativa a não ser de revogar a sentença do afastamento de frei Galvão. Algumas pessoas, prontamente, foram ao encalço do frade e assim ele foi reconduzido ao convento de São Francisco em São Paulo.

Esse episódio serviu para mostrar como frei Galvão não compactuava com a injustiça, pois era um religioso íntegro e defensor dos fracos. O governador Martim Lopes Lobo de Saldanha, por essa situação e outras, acabou sendo demitido. A cidade ficou livre de sua tirania e frei Galvão continuou sendo cada vez mais estimado.

Visitador, mestre dos noviços, guardião do convento

Junto com a responsabilidade de ser construtor e incentivador do recolhimento da Luz, frei Galvão recebeu outras importantes incumbências. Não resta dúvida de que suas capacidades conjugadas com seu elevado grau de virtude não haviam ficado escondidas para o povo e nem para seus coirmãos e superiores.

Em 9 de agosto de 1776, ele foi nomeado Comissário da Terceira Ordem franciscana. A finalidade dessa nomeação era dar acompanhamento espiritual aos seus membros. Ao mesmo tempo, ele devia supervisionar o patrimônio e os bens pertencentes à agremiação. A Ordem Terceira foi fundada ainda em 1221 por São Francisco de Assis com o intuito de acolher cristãos casados, ou simplesmente leigos, que quisessem vivenciar o carisma franciscano na vida secular. Dessa forma, junto com as igrejas conventuais, havia a sede deles e até uma capela denominada igreja da Terceira Ordem. Vamos lembrar que até o próprio pai de frei Galvão havia participado dessa Ordem. Frei Galvão mostrou-se dedicado a esse encargo, a tal ponto que, de 1776 até 1780, tudo aquilo que foi colocado em ata e que se referia ao andamento da agremiação foi diligentemente assinado por ele. Porém, diante de tantos compromissos que exigiam dele constantes deslocamentos (naquele tempo tudo era difícil, pois não havia transporte como hoje nós temos) não teve como continuar nessa função. Porém, parado ele não ia ficar!

No ano seguinte, em 1781, pelo capítulo provincial que esteve reunido para determinar a organização dos frades, frei Galvão foi indicado para ser mestre do noviciado de Macacu, onde, quando jovem, foi noviço durante um ano. A nomeação ocorreu, certamente, em vista da robusta vida espiritual que ele testemunhava, aliada ao modo de conduzir sabiamente as pessoas, inclusive os jovens desejosos de entrar para as fileiras franciscanas.

O bispo Dom Manuel da Ressurreição, ao ser notificado, acabou não aceitando a saída de frei Galvão de São Paulo. Simplesmente escondeu a correspondência que continha a determinação de que frei Galvão deveria mudar-se para o Rio de Janeiro. Ao mesmo tempo, por causa das restrições impostas pelo Marquês de Pombal, praticamente apenas um noviço apresentou-se para o noviciado. Tornou-se, então, inviável organizar a casa de formação do noviciado. Sendo assim, frei Galvão pôde continuar suas atividades em São Paulo, onde ele era muito estimado.

Por isso, em 24 de maio de 1798, recebeu a incumbência de ser guardião do convento. Isso dava-lhe a possibilidade de exercer cargos ainda maiores: o que causou inquietação entre as recolhidas. Será que ele iria abandoná-las? Aliás, toda a população de São Paulo ficou preocupada, pois havia o receio de que viesse a faltar o pastor e guia de muitas pessoas. De novo o bispo Dom Manoel da Ressurreição se desdobrou para que isso não acontecesse: sabia que os habitantes poderiam experimentar tristeza pela ausência de frei Galvão, alguém "com comportamento exemplaríssimo e por alguns aclamado já como santo", como diz um documento conservado no Convento Santo Antônio, no Rio de Janeiro.

Essa preocupação foi compartilhada e chegou aos superiores da Ordem Franciscana. A presença de frei Galvão era considerada indispensável até pelos membros da Câmara da cidade. Eles assinaram uma carta em nome da cidade de São Paulo, dizendo que ele era "homem da caridade e da paz". A carta foi remetida ao Superior provincial, frei Joaquim de Jesus e Maria, solicitando que frei Galvão não se afastasse da cidade. Sua presença com seu apostolado era mais do que preciosa para São Paulo e arredores, além de necessária para a continuidade do mosteiro da Luz. Diante dessa insistência, o Superior Provincial concedeu a frei Galvão que acumulasse o cuidado do guardião, continuando à frente do recolhimento e das recolhidas. Coube a frei Galvão obedecer e empenhar-se para cumprir aquilo que lhe fora atribuído.

Como se isso não bastasse, e evidentemente exigindo bastante sacrifício, mais uma atribuição lhe foi dada: a de ser Definidor, exigindo que morasse obrigatoriamente no Rio de Janeiro. Eis que o superior provincial fez tudo que podia para que isso não acontecesse. Apelou para que o representante do papa concedesse a frei Galvão o privilégio de ser um Definidor honorário e, com isso, não precisasse se afastar de São Paulo. Decididamente, frei Galvão era alguém "preso" ao povo de São Paulo!

Completando as várias funções assumidas por frei Galvão, vale a pena lembrar a de Visitador dos conventos franciscanos, que consistia em ir aos conventos localizados em lugares às vezes distantes. Por ser esse um trabalho pesado, pois as andanças eram feitas caminhando sem parar, viu-se forçado a renunciar e, no ano 1788, obteve a permissão de deixar esse encargo. Não resta dúvida de que Deus deu-lhe força para realizar muitas tarefas! No entanto, já com cerca 70 anos, frei Galvão percebia que sua energia vital estava diminuindo cada vez mais, mas não estava pensando em parar suas atividades.

A fundação de Sorocaba

A construção do recolhimento havia exigido dedicação e outra parte da obra estava precisando ser acrescentada. Tratava-se da Igreja, pois, como capela provisória, era utilizado um corredor do mosteiro. Assim, em 1788, arregaçando as mangas, deu início à construção da igreja para embelezar e completar o recolhimento. Ao longo de 14 anos, a obra foi erguida dentro de um inconfundível estilo colonial; exigindo de frei Galvão incessante trabalho e preocupação. Unia à capacidade de arquiteto, que ele possuía, a disponibilidade para estar em contato com pessoas que pudessem ajudar financeiramente com as despesas decorrentes da continuidade da obra.

Apesar das dificuldades encontradas, mesmo com alguma demora, chegou o dia 15 de agosto de 1802, quando a construção pôde ser inaugurada. Não foram construídas as duas torres, pois poderiam ser erguidas depois. Cabia ao bispo diocesano dom Mateus de Alves Pereira realizar a cerimônia. Contudo, ele estava ocupado com a celebração de Nossa Senhora da

Assunção na catedral, por isso pediu a Frei Galvão que procedesse a uma bênção das imagens e do altar e que fizesse, antes da missa, a transladação do Santíssimo para o sacrário da nova igreja.

Realizados esses atos, frei Galvão celebrou a primeira missa inaugurando assim o local de culto. Foi, sem dúvida, um dos momentos mais sublimes de sua vida! Uma profunda emoção tomou conta dele: seu coração estava em festa porque, depois de 28 anos, o que fora planejado finalmente estava se concretizando em favor das recolhidas e da própria cidade de São Paulo! A falta das duas torres seria resolvida com a construção de uma delas pelos sucessores de frei Galvão.

Porém, quando parecia que frei Galvão poderia descansar de seus labores, ele recebeu mais um convite do bispo diocesano. Em função do sucesso obtido na obra do recolhimento de São Paulo, foi convocado a abrir um novo recolhimento na localidade de Sorocaba, a 85 quilômetros de São Paulo. Essa nova fundação obteve seus trâmites de instalação autorizados e precisava de um capelão. Quem? Aquele que já havia lutado e que possuía experiência em dar acompanhamento a esse tipo de empreendimento bem como em assistir espiritualmente as religiosas.

Diante da solicitação recebida, frei Galvão dispôs-se e enfrentar o novo desafio. Escolheu a irmã Domiciana Maria da Assunção para ser superiora e suas duas sobrinhas como colaboradoras na direção do recolhimento. Ele mesmo mudou-se para Sorocaba e, com a autorização dos superiores, lá permaneceu durante onze meses. Com o empenho e a disposição de sempre, dedicou-se a organizar o novo recolhimento para que essa obra pudesse acolher uma nova comunidade de religiosas.

Tendo realizado a fundação do recolhimento chamado de santa Clara, voltou para o convento São Francisco de São Paulo. Retomando as atividades normais, costumava caminhar diariamente do seu convento até o recolhimento da Luz, mas, com o passar dos meses, essa caminhada tornou-se pesada para ele. Afinal, os anos, uma dezena a mais, tinham enfraquecido suas forças. Pediu, então, a autorização de fixar-se num quartinho do recolhimento e lá passar seus últimos anos.

Morte e sepultura

Alojou-se, com a permissão dos superiores, no quartinho que ficava atrás do sacrário da igreja. Ali fez sua morada dando assistência às recolhidas e providenciando alguma reforma do mosteiro. Dedicava-se sobremaneira à oração naquele quarto que media seis metros quadrados, com duas portinholas, uma que dava para a igreja e outra para o interior do convento. Sua cama era bem simples: dormia em cima de uma estrutura de terra socada. Era servido, na hora de suas refeições, por um homem escravizado e frequentemente era visitado por amigos e benfeitores.

Constante era a presença das irmãs do recolhimento. Atormentado pela enfermidade que cada vez mais o afligia, as mesmas irmãs testemunhavam o que ele costumava dizer: "Seja tudo pelo amor de Deus"! Chegando ao último mês de 1822, suas forças físicas diminuíram sensivelmente. Recebeu, então, a visita de seu guardião, frei João do Espírito Santo que "socorreu-o com todos os sacramentos". Outros frades do convento São Francisco e padres confessores fizeram-se presentes e, na antevéspera de Natal, isto é, no dia 23 de dezembro, frei Galvão entregou sua alma a Deus, passando deste mundo para os braços do Pai eterno.

Morreu, naquele dia, às 10 horas da manhã, na casa da Virgem Imaculada da Luz, aos 83 anos de vida. Faleceu num momento especial do Brasil! Desde que Dom João VI deixara no Brasil seu filho, Dom Pedro, havia em todo o território brasileiro um frêmito de liberdade e entusiasmo: o Brasil cultivava o anseio de ser uma nação livre de Portugal. No dia sete de setembro daquele ano, o príncipe regente havia proclamado a independência na entrada de São Paulo, junto ao riacho do Ipiranga. O coração de Frei Galvão certamente exultou com a notícia. Havia, quem sabe, rezado para que não houvesse derramamento de sangue, ele que era "homem da caridade e da paz"!

Quando a morte de frei Galvão foi comunicada ao povo, uma verdadeira multidão acorreu à igreja do convento da Luz. Ricos e pobres, escravizados e senhores vieram para prestar-lhe homenagem. Algumas pessoas tomaram iniciativa de cortar pedacinhos do hábito franciscano com o qual estava revestido seu caixão. Teve que ser providenciado um novo hábito e um novo cordão.

As irmãs do recolhimento mostraram em prantos aflição e dor, assim como as irmãs de Santa Clara fizeram sobre o corpo de São Francisco de Assis. O guardião do convento de São Francisco, conforme o costume próprio dos filhos de São Francisco de Assis, queria levar o corpo para que fosse sepultado junto ao convento, mas as irmãs e moradores do bairro da Luz insistiram, junto ao bispo diocesano, para que fosse sepultado na igreja do recolhimento da Luz que ele havia construído. Veio a permissão e isso serviu de consolo para as irmãs.

Em horário combinado, foi celebrada a missa e realizaram-se os ritos fúnebres. Seu corpo foi depositado no presbitério da igreja sobre uma lápide na qual foram gravadas em latim estas palavras: "Aqui jaz frei Antônio de Sant'Anna Galvão, ínclito fundador e reitor desta casa religiosa, que tendo sua alma sempre em suas mãos, placidamente faleceu no senhor, no dia 23 de dezembro do ano 1822". Sua vida foi, sem dúvida, um farol que Deus fez surgir para iluminar o povo de São Paulo e do Brasil!

As pílulas

O nome de frei Galvão está ligado às famosas pílulas. No tempo em que ele viveu, os recursos da medicina eram escassos e por isso a oração de um "santo frade" tinha grande valor. Muitos buscavam junto às pessoas iluminadas – como aliás acontece também hoje em dia – o remédio para seus males físicos e espirituais.

Certa vez, frei Galvão foi procurado pelos parentes de um jovem que sofria de intensas dores provenientes de cálculos vesicais. Frei Galvão, não tendo a possibilidade de resolver a situação com uma visita pessoal ao jovem necessitado, resolveu escrever num pedacinho de papel uma jaculatória, pedindo a intercessão da Virgem Maria. Eis as palavras que escreveu no papel: "Post partum, Virgo inviolata permansisti, Dei Genitrix, intercede pro nobis" que, traduzidas, significam "Depois do parto, ó Virgem, permaneceste intacta. Mãe de Deus, intercede por nós". Enrolou, como se fosse uma pílula, aquele papelzinho escrito e pediu que fosse entregue ao jovem, recomendando que fosse tomado com fé. Ao receber e tomar aquela "pílula", o jovem teve um súbito efeito benéfico: a dor cessou porque ele conseguiu expelir o cálculo que lhe havia causado tanto sofrimento.

Esse fato maravilhoso foi motivo de gratidão a Deus, bem como de muita admiração pela pessoa de frei Galvão. Ainda mais porque o mesmo aconteceu com uma mulher que estava em difícil trabalho de parto, inclusive com risco de perder a vida por causa disso. O marido, aflito, procurou frei Galvão pedindo ajuda e ele repetiu o que havia feito com o jovem, isto é, preparou o papelzinho escrevendo a jaculatória e invocação da Virgem Maria. Entregou-o ao marido para que servisse de santo remédio à parturiente. Eis que ela, tendo ingerido "a pílula", deu a luz sem nenhuma dificuldade.

Esses e outros fatos semelhantes estão na origem do costume dos fiéis que frequentam o Mosteiro da Luz em São Paulo ou o Santuário frei Galvão em Guaratinguetá. Eles buscam e recebem as pílulas, distribuídas gratuitamente, para que sirvam de conforto a pessoas que sofrem de males no corpo e na alma. Não resta dúvida de que, além da força da oração que frei Galvão possuía, essa iniciativa de fornecer as pílulas está ligada à devoção que ele cultivava pela Virgem Maria.

Ainda jovem, aos 27 anos, bem sabemos que ele entregou sua vida consagrando-se à Imaculada Conceição. O documento foi escrito por ele e assinado de seu próprio punho e com seu sangue, testemunhando uma devoção que conservou ao longo de toda a sua vida. De certa forma, as palavras escritas nas pílulas revelam ainda hoje a confiança que ele nutria na intercessão de Maria em benefício daqueles que as tomam com devoção e fé.

Fenômenos extraordinários

Nas biografias de frei Galvão, aparecem também episódios relacionados a fenômenos místicos como bilocações e levitações.

A bilocação é um dom que Deus concede aos seus santos servidores em benefício de alguma pessoa necessitada. Como quando, no ano 1810, o comandante de uma expedição, Manoel Portes, foi esfaqueado às margens do rio Tietê no interior paulista. Vendo-se em situação deplorável, o comandante implorou por uma confissão com frei Galvão. E, eis que, de maneira inesperada e milagrosa, frei Galvão se fez presente naquele lugar, atendendo ao desejo do ferido, dando-lhe a absolvição e a unção dos enfermos. Em seguida desapareceu, pois ao mesmo tempo esteve ali junto ao moribundo e encontrava-se presente em seu convento em São Paulo!

Aqueles que servem ardorosamente a Deus costumam manifestar graças divinas especiais que recebem gratuitamente. Neste sentido, narra-se na vida de frei Galvão que ele estava hospedado numa fazenda, envolvido na oração. Algumas crianças, tomadas pela curiosidade, começaram a olhar pela janela desejando ver o que o frade fazia. De repente, viram frei Galvão não mais ajoelhado, mas em posição extática, levitando. Gritaram em coro: "Frei Galvão voando, frei

Galvão voando!". Era a fé que estava deixando-o totalmente em êxtase!

A beatificação e a canonização

Após seu falecimento, grande era o número de pessoas que visitavam seu túmulo no Mosteiro da Luz. Era uma convicção compartilhada por muitos fiéis de que frei Galvão tinha vivido uma vida santa.

Houve, por ocasião do centenário de sua morte, em 1922, a iniciativa de tornar sua memória auspiciosa. Assim, as comemorações que foram realizadas naquele ano despertaram interesse a respeito da figura e da obra de frei Galvão. O mesmo ocorreu com a comemoração de seu bicentenário de nascimento (1739-1939). Foram lançadas algumas biografias que muito serviram para que fosse resgatada sua caminhada de vida, sua obra e sua personalidade.

Desse modo, em 1938, o arcebispo de São Paulo nomeou um postulador para encaminhar a canonização de frei Galvão, isto é, o reconhecimento de sua santidade por parte da Igreja Católica. Foi organizado o tribunal eclesiástico com o intuito de recolher dados sobre a vida e as virtudes de frei Galvão. O material reunido foi expedido ao Vaticano. Tendo recebido o título de servo de Deus, faltava um milagre para justificar a beatificação como primeiro passo para a canonização.

Em 6 de abril de 1998, houve, por parte do Vaticano, a ação favorável: o papa Joao Paulo II promulgava o decreto de que a Igreja reconhecia um milagre acontecido por obra de frei Galvão. Tratava-se da cura alcançada para a menina Daniela Cristina da Silva. Ela, há quatro anos, padecia de hepatite tipo A. Desenganada, encontrava-se internada na UTI, em estado terminal. Os pais e uma tia, mediante uma novena a frei Galvão, pediam que ele concedesse junto a Deus a graça da recuperação de sua saúde. Na pior fase da doença, inclusive, a criança ingeriu uma pílula de frei Galvão. Eis que, superando todos os problemas de saúde que a abatiam, a criança melhorou, teve alta e foi considerada curada pela equipe médica!

Não havia explicação científica para o acontecimento! Diante desse fato milagroso, foi encaminhada a cerimônia de beatificação de frei Galvão. Em 25 de outubro, frei Galvão foi declarado bem-aventurado pelo papa João Paulo II em uma celebração que aconteceu no Vaticano, em Roma. A fama e a devoção ao novo bem-aventurado cresceram mais e mais.

No ano seguinte, em 1999, houve um segundo milagre. Sandra Grossi de Almeida tinha o sonho de ser mãe. Estava grávida, mas, como aconteceu outras vezes, soube que perderia a criança. Tomou a pílula de frei Galvão com a esperança de que o sangramento parasse em seu organismo e, graças aos céus e ao frei Galvão, o sangramento parou! Podia ter esperança no nascimento da criança, mesmo que os médicos tivessem a certeza de que a gravidez não prosseguiria. Em 11 de dezembro de 1999, ela deu à luz, contrariando todas as expectativas médicas, o pequeno Enzo. Milagre alcançado! O milagre foi reconhecido pelo Vaticano e assim o caminho para a canonização de frei Galvão estava aberto.

Na visita do papa Bento XVI ao Brasil, em 11 de maio 2007, o Beato Antônio de Sant' Anna Galvão foi canonizado, em uma celebração presidida pelo próprio papa. Frei Galvão era o primeiro santo nascido no Brasil reconhecido pela Igreja. Sandra e Enzo participaram da missa. A mãe da criança afirmou, emocionada: "Foi um momento que nunca vou esquecer".

Para mim, que também participei daquele momento ímpar, foi a certeza de que o "homem da caridade e da paz" será sempre um farol de luz para nosso Brasil, incentivando-nos a construir pontes de entendimento e justiça e não muros de separação e intolerância. De fato, a data celebrativa do novo santo foi fixada no calendário litúrgico para o dia 25 de outubro, no mês em que é festejado São Francisco de Assis. Normalmente a data em que é feita a memória dos santos é o dia em que nasceram para a eternidade; no caso de frei Galvão, seria no dia 23 de dezembro, que fica muito próximo dos festejos de Natal. Preferiu-se essa outra data, 25 de outubro, que foi a data de sua beatificação.

Com isso, junto com o santo de Assis que rezava e desejava ser "instrumento de paz", temos agora a feliz memória de alguém que viveu mostrando a todos o carisma franciscano da paz e do bem! Assim seja!

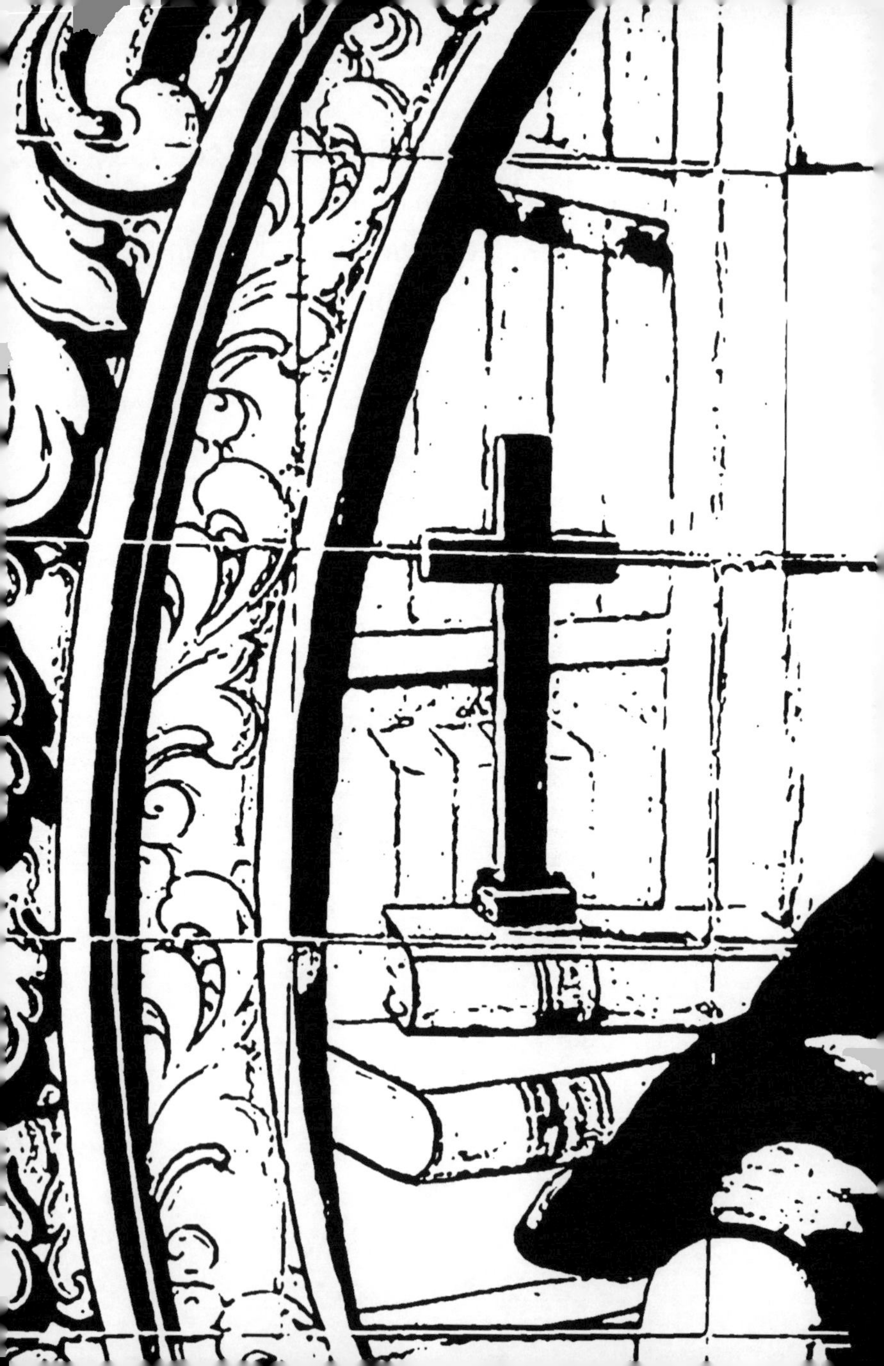

*Novena a
São Frei Galvão*

1 Amado Frei Galvão que seguistes a Cristo, como verdadeiro franciscano, ensinai-nos o caminho das bem-aventuranças como caminho seguro para o céu. Vós que fostes considerado padroeiro dos arquitetos, pela magnífica construção do Mosteiro da Luz que erguestes, ajudai-nos a orientar bem nossa vida e a construir uma vida mais autenticamente cristã e feliz!

GLÓRIA AO PAI

São Frei Galvão, rogai a Deus por nós!

2 "Bem-aventurados os pobres no espírito, pois deles é o Reino dos Céus."
Fostes, querido Frei Galvão, alguém que escolheu a vida de desprendimento e pobreza, renunciando aos bens e às glórias deste mundo! Fazei que nós também tenhamos um coração livre de tantas ilusões que o mundo nos oferece e preenchido de amor a Deus e ao próximo!

GLÓRIA AO PAI

São Frei Galvão, rogai a Deus por nós!

3 "Bem-aventurados os mansos, pois eles herdarão a terra."

Glorioso Frei Galvão, enfrentastes com paciência os percalços da vida e buscastes com perseverança uma vida cristã feita de humildade e entrega aos planos de Deus. Fazei que nós possamos sempre buscar em tudo a vontade divina, servindo a Deus na alegria e na tristeza!

GLÓRIA AO PAI

São Frei Galvão, rogai a Deus por nós!

4 "Bem-aventurados os que choram, pois eles serão consolados."

Frei Galvão bem-amado, fostes servidor de Deus no meio das aflições que o povo vivia naquele tempo, especialmente por causa da escravidão, e compartilhastes as dores de tantas famílias! Fazei que sejamos fortes nas provações e solidários com aqueles que sofrem!

GLÓRIA AO PAI

São Frei Galvão, rogai a Deus por nós!

5 "Bem-aventurados os que têm fome e sede de justiça, pois eles serão saciados!"

Estimado Frei Galvão, soubestes tratar a todos com respeito e amor, valorizando cada um dos seres humanos. Fazei, então, que vejamos em cada um de nossos irmãos a imagem divina e que evitemos toda e qualquer atitude de desprezo ou descaso dentro do relacionamento com nossos semelhantes!

GLÓRIA AO PAI

São Frei Galvão, rogai a Deus por nós!

6 "Bem-aventurados os misericordiosos, pois eles alcançarão misericórdia."

Estimado Frei Galvão, tivestes misericórdia para com aqueles que viviam no desespero, consolando-os com fervorosas preces e socorrendo-os com as "pílulas" para ajudá-los. Apoiastes crianças, jovens homens e mulheres em suas necessidades! Fazei que não sejamos insensíveis e que nos disponhamos a ir ao encontro de quem mais precisa, dedicando apoio e amor aos necessitados. Dai-nos saúde e força para fazer o bem!

GLÓRIA AO PAI

São frei Galvão, rogai a Deus por nós!

7 "Bem-aventurados os puros de coração, pois eles verão a Deus."
Bem-amado Frei Galvão, que tivestes um coração e um olhar puros, sem se deixar influenciar pela maldade humana e vendo na natureza a obra criadora de Deus, fazei que possamos descobrir a presença de Deus em nossos irmãos e também contemplar a presença da sabedoria e do poder divino em toda criação!

GLÓRIA AO PAI

São Frei Galvão, rogai a Deus por nós!

8 "Bem-aventurados os que promovem a paz, pois eles serão chamados filhos de Deus."
Frei Galvão, nosso santo querido, fostes chamado de "homem da caridade e da paz" porque

cumpristes a missão de trabalhar por um mundo de fraternidade, tirai de nós todo comodismo para que sejamos capazes de nos engajar na luta em prol da justiça! Sejamos colaboradores no crescimento do bem e da paz!

GLÓRIA AO PAI

São Frei Galvão, rogai a Deus por nós!

9

"Bem-aventurados os perseguidos por causa da justiça, porque deles é o Reino dos Céus." Amável nosso santo amigo Frei Galvão, enfrentastes incompreensões e dificuldades em seu longo viver, mas sempre mantivestes a certeza de que o bem vence o mal. Dai-nos essa mesma firmeza! Saibamos abraçar o bem em nosso dia a dia, confiando na força do alto e tendo sua celestial intercessão sempre conosco!

GLÓRIA AO PAI

São frei Galvão, rogai a Deus por nós!

Referências bibliográficas

BENTO XVI, *Santa missa e canonização de frei Antônio de Sant'Anna Galvão, OFM*, 11 de maio de 2007. Disponível em: https://www.vatican.va/content/benedict-xvi/pt/homilies/2007/documents/hf_ben-xvi_hom_20070511_canonization-brazil.html. Acesso em: 26 jun. 2024.

CADORIN, Célia B. *Canonização do servo de Deus Frei Antônio de Sant'Anna Galvão*. São Paulo: Loyola, 1993.

CONSTITUIÇÃO DOGMÁTICA LUMEN GENTIUM, Documentos do Concílio Ecumênico do Vaticano II. Disponível em: https://www.vatican.va/archive/hist_councils/ii_vatican_council/documents/vat-ii_const_19641121_lumen-gentium_po.html. Acesso em: 11 jul. 2024.

MARISTELA. *Frei Galvão, Bandeirante de Cristo*, São Paulo: Mosteiro da Imaculada Conceição da Luz, 1978.

MOSTEIRO DAS IRMÃS CONCEPCIONISTAS (org.). *Frei Antônio de Sant'Anna Galvão*. São Paulo: Loyola, 1993.

SURIAN, Carmelo. *Beato Frei Galvão*, Rio de Janeiro: Vozes 1998.

____. *Vida de Frei Galvão*, Aparecida: Santuário, 1997.

____. *Vida de Frei Galvão*, Aparecida: Santuário, 2020.

Invocação

Glorioso São Frei Galvão, lançai sobre nós e sobre nosso Brasil um olhar de compaixão! Vós que fostes fiel à graça divina, amando com ardor a Deus e ao próximo, concedei que possamos servir a Deus e viver a fraternidade, sempre atentos a lavar os pés uns aos outros. Acolhei nossa súplica em favor de nossa gente brasileira para que a união e a paz, bem como a justiça, a solidariedade e o respeito às diferenças sejam praticadas, de tal modo que todos tenham dias melhores! Com o vosso exemplo e vossa intercessão, iluminai nossos caminhos. Amém!

Edições Loyola

editoração impressão acabamento

Rua 1822 nº 341 – Ipiranga
04216-000 São Paulo, SP
T 55 11 3385 8500/8501, 2063 4275
www.loyola.com.br